아프리카의 푸른 희망
왕가리 마타이

아프리카의 푸른 희망
왕가리 마타이

김민경 글 | 이기훈 그림

리잼

머리말

자연과 더불어 살아가며 진정한 평화를 꿈꾸다

왕가리 마타이는 케냐의 여성 환경 운동가로 아프리카 여성 최초로 노벨 평화상을 받은 인물입니다. 왕가리는 독재 정권과 싸워가며 사람은 누구나 평등하고 환경을 보호하는 것이 세계 평화를 위한 길이라고 말했습니다.

이 책은 왕가리가 아프리카 여성 최초로 대학 교수가 된 과정과 그린벨트 운동을 통해 환경을 지키려고 했던 활동, 약하고 가난한 사람들을 도와주기 위해 온갖 역경을 겪은 이야기를 담고 있습니다.

왕가리는 어릴 때부터 케냐의 가난한 현실 속에서 고생하는 여성들을 보며 마음이 안타까웠습니다. 케냐의 여성들을 돕는 길은 자연과 더불어 살아가는 것이라는 걸 깨달은 왕가리는 케냐 사람들의 생활에서 떼려야 뗄 수 없는 자원인 나무를 가꾸는 것이 그 열쇠라고 생각했습니다. 숲을 파괴하고 경제 발전만을 주장하는 사람들과 맞서 싸우며 왕가리는 나무 심는 일을 멈추지 않았습니다. 자연 파괴는 미래를 파괴하는 것이며, 사람들을 고통 속에 밀어넣는다고 주장했습니다. 사람들은 그런 왕가리를 '마마 미티'라고 부르기 시작했습니다. 케냐 말로 '나무들의 어머니'라는 뜻입니다.

환경보호에 늘 앞장선 왕가리는 자신의 신념을 쉽게 굽히지 않았습니다. 어떤 방해나 괴로움이 찾아와도 자신이 옳다고 생각하는 행동을 포기하지 않았습니다. 왕가리는 소외되고 가난한 케냐 사람들을 진심으로 도왔습니다. 그리고 자연과 더불어 살아가는 것이 진정한 평화를 꿈꾸는 길이라는 것을 몸소 보여 주었습니다.

어린이 여러분들도 이 책을 통해 왕가리가 지켜 내고자 했던 평화로운 세상을 그려 보고, 왕가리의 용기를 응원해 보길 바랍니다.

2013년 7월 김민경

차례

머리말 · 4

1. 척박한 나라, 케냐에서 태어나다	9
2. 호기심으로 똘똘 뭉친 왕가리	21
3. 낯선 나라, 미국에 발을 딛다	33
4. 호프만 교수와 함께 연구하다	44
5. 나무 심기, 그린벨트 운동의 시작	59
6. 우후루 공원을 보호하다	73
7. 나무를 심는 일, 사람을 지키고 지구를 지키는 일	89

왕가리 마타이 연보 · 104

등장인물

리디아
왕가리 마타이의 어머니로 왕가리에게 나무가 인간에게 얼마나 중요한지를 알려 줍니다.

무타
왕가리 마타이의 아버지로 자식들의 미래를 보장해 주기 위해 자식들이 학교에서 교육을 받을 수 있도록 합니다.

은데리투
왕가리 마타이의 오빠로 왕가리가 학교 교육을 받을 수 있는 계기를 만들어 줍니다.

라인 홀트 호프만 교수
독일에서 케냐의 대학으로 오게 된 교수로 왕가리 마타이의 능력을 믿고 지지하며 여러모로 왕가리를 도와줍니다.

므왕기 마타이
왕가리 마타이의 전남편으로 결혼 중 왕가리에게 많은 상처를 안겨 줍니다.

1. 척박한 나라, 케냐에서 태어나다

"내 내면에는 작은 불꽃 하나가 타오르고 있어요.
나는 그 불꽃이 환히 빛나게 할 것입니다."

1940년, 아프리카 케냐의 작은 시골 마을 녜리에서 흑인 소녀 왕가리가 태어났다.

왕가리의 엄마 리디아는 가난한 살림살이를 꾸려나가며 육남매를 길렀다. 딸들 중 맏딸인 왕가리는 힘든 엄마를 도와 동생들을 돌보고, 집안일도 거들어야 했다.

어느 날 저녁, 엄마 리디아는 식사 준비를 하고 있었다.

"이런! 또 물이 떨어졌구나!"

리디아가 한숨을 쉬자 왕가리가 시무룩해져서 물었다.

"오빠한테 물을 길러 오라고 하면 안 돼요?"

"오빠는 풀밭에 나가 염소에게 풀을 먹이고 있잖니."

"그럼 아빠는요?"

"아빠는 이른 아침부터 밭에 나가 있어. 저녁밥을 지어야 하는데 물이 없으니 큰일이구나."

리디아가 지친 목소리로 말했다.

"걱정 마세요, 엄마. 제가 다녀올게요."

왕가리는 씩씩하게 물동이를 들고 일어섰다. 하지만 대문 밖을 나서자 한숨이 절로 나왔다.

'휴, 이 무거운 물동이를 들고 저 아래 숲에 있는 샘까지 언제 다녀올까?'

왕가리가 사는 곳은 케냐의 고지대였다. 높이가 무려 2천여 미터가 넘었다. 높은 지대에 살다 보니 물이 항상 귀했다. 또 케냐의 다른 지역에 비해 훨씬 추웠다. 산 아래 숲에 있는 샘에서 물을 길러 오려면 몇 시간을 걸어야 했다.

"언니, 나도 같이 가서 도와줄게."

"언니, 나도 갈래."

동생들이 종종걸음으로 따라나섰다.

"그래 같이 가자. 언니가 물을 길러 오는 방법을 알려 줄게."

왕가리는 동생들을 데리고 무화과나무 숲으로 갔다. 이제 막 열두 살이 된 왕가리는 물과 땔감을 구할 수 있는 방법을 잘 알고 있었다. 짐이 떨어지지 않도록 이마에 끈을 묶는 것도 익숙하게 했다.

가다 보니 아빠 무타가 밭고랑을 갈고 있었다. 왕가리의 아빠는 힘이 아주 센 농부였다. 언젠가 한번은 당나귀를 맨손으로 잡아서 땅바닥에 눕힌 적도 있었다. 무타는 매년 옥수수나 콩, 고구마 따위를 심고 가꾸어서 시장에 내다 팔았다. 하루도 쉬지 않고 피땀 흘려 일했지만 여섯 명의 자식을 먹여 살리기엔 빠듯했다.

"왕가리, 어디 가니?"

"물 길러 가요."

"그래? 네가 고생이 많구나."

"저라도 엄마를 도와야죠. 어린 동생들이 물을 길러 올 수는 없잖아요."

왕가리는 늘 동생들에게 모범이 되었고, 엄마의 역할도 곧잘 떠맡아 했다.

"동생들 잘 돌보고 조심히 다녀오렴."

"걱정 마세요. 아빠."

무타는 산 아래로 멀어져 가는 아이들에게 손을 흔들어 주고는 한숨을 지었다.

'아무리 넓은 밭이 있어도 농사 지은 돈으로는 아이들 학교 등록금도 낼 수 없고, 교복과 책을 사 주기도 어렵구나. 나중에 이 밭을 여섯으로 나누어 자식들에게 물려주어야 하는데, 지금도 이렇게 가난을 면치 못하니. 내가 세상을 떠난 후에도 저 아이들이 걱정 없이 잘 살아갈 수 있을까?'

왕가리와 동생들은 무화과나무 숲에 도착했다. 숲에는 달고 시원한 물이 솟아나오는 샘이 있었다. 지치고 목이 말랐던 동생이 물을 꿀꺽꿀꺽 마시고는 왕가리에게 물었다.

"언니, 샘은 왜 이렇게 집에서 멀리 있어?"

"그건 나도 잘 모르겠어. 하지만 우리 키쿠유족을 지켜 주기 위해서 응가이 신이 무화과나무 숲에 샘을 만들어 주셨잖아. 우리 응가이에게 감사 기도를 올리자."

"응."

왕가리는 기도를 올리면서 얼마 전 엄마 리디아가 했던 말을 떠올렸다.

"왕가리야, 기억하렴. 나무 한 그루는 인간에게 많은 것을 선물한단다."

왕가리는 리디아가 한 말이 정확히 무슨 뜻인지 알지 못했다. 하지만 물을 얻으려고 숲에 올 때는 어렴풋이나마 나무의 고마움을 느꼈다.

무거운 물동이를 들고 집으로 돌아가는 길은 무척 힘들었다. 왕가리와 동생들은 낑낑대며 산등성이를 올랐다.

만약 이곳이 유럽의 산등성이였다면 하얀 눈이 무섭게 쌓였을지도 모른다. 그런데 케냐의 날씨는 1년 중 절반은 비가 오지 않고, 나머지 시기에는 계속 비가 내리는 무더운 날씨였다. 하지만 우기에는 땅에서 수증기가 올라오고, 옷과 집 벽이 습기를 가득 머금게 되어 산등성이에 살고 있는 사람들은 겨울만큼 추운 날을 보내야 했다. 이따금 온도가 심하게 내려가면 비에 우박이 섞여 내리기도 했다.

이런 척박한 날씨 때문에 케냐에 사는 대다수의 아이들은 부모님을 돕느라 공부를 제대로 할 수 없었다. 발이 트도록 몇 시간을 걸어 숲에 가서 물을 길러 오는 일은 예사였고, 얼어 죽지 않으려면 매일 땔나무를 구하러 온 산을 돌아다녀야 했다. 먹고사는 일이 바빠서 학교에 결석을 하는 아이들이 많았다.

리디아는 왕가리가 길러 온 물로 맛있는 저녁을 지었다. 저녁이라고 해 봐야 이리오*가 전부였지만 여덟 식구가 한데 모여 저녁을 먹는 것만으로도 왕가리는 행복했다.

고요한 밤, 왕가리는 잠결에 우연히 엄마와 아빠가 이야기하는 소리를 들었다.

"여보, 왕가리가 이번에도 성적이 좋아서 노트와 연필을 상으로 타 왔어요."

"그래? 열심히 잘하는군."

"왕가리는 아주 똑똑하고 착해요. 제 오빠보다 성적이 더 좋아요."

"허허허. 기특하네."

---

* 이리오 으깬 콩이나 완두콩을 옥수수, 감자와 섞어 만든 죽입니다.

"넷째와 다섯째도 곧 학교에 가야 하는데……. 여섯 아이 모두 학교에 보낼 수 있을까요?"

"그럼, 보내야지. 우리처럼 못 배워서 평생 가난하게 살게 할 수는 없어."

"하지만 그럴 만한 돈이 없잖아요. 집에 있는 거라곤 옥수수와 감자 몇 자루뿐인 걸요."

리디아가 걱정스러운 표정으로 바라보자, 무타는 무겁게 입을 열었다.

"여보. 생각해 봤는데, 농사일을 그만두고 백인들이 타고 다니는 자동차를 운전해야겠어."

"네? 뭐라고요?"

'방금 아빠가 무슨 말을 하신 거지?'

왕가리는 무타의 말을 듣고 깜짝 놀라 눈을 떴다.

왕가리가 태어났을 때, 케냐는 아직 영국의 지배를 받는 식민지였다. 백인들은 케냐에 함부로 들어와서 땅을 빼앗고, 흑인들을 못살게 굴고, 노예로 부려먹었다. 화가 난 케냐 사람들은 '마우마우 반란군'을 만들어서 백인들과 대항해 싸우기도 했다. 그런데 그런 백인이 타고 다니는 자동차의 운전수가 되겠다고 무타가 말한 것이다.

왕가리는 벌떡 일어나 무타에게 달려갔다. 그러고는 떨리는 음성으로 무타에게 말했다.

"안 돼요, 아빠. 영국 사람의 차를 몰면 이웃들이 아빠를 욕할 거예요."

무타는 슬픈 눈으로 웃었다.

"애야, 그런 게 다 무슨 소용이니. 아빠는 너희가 열심히 배우고 건강하게 잘 자랄 수만 있다면 사람들의 손가락질 따위는 무섭지 않단다."

왕가리는 무타의 얼굴을 보고 새어나오는 눈물을 꾹 참으며 다짐했다.

'그래. 지금 창피한 건 아무것도 아니야. 열심히 공부해서 가난을 벗어나자. 훌륭한 사람이 되자. 아빠에겐 자랑스러운 딸이 되고, 나라에 꼭 보탬이 되는 사람이 되자.'

그날 이후, 리디아는 남편의 뜻을 조용히 따르기로 했다. 무타는 계획대로 농사일을 그만두고 영국 사람의 자동차를 운전하는 일을 했다. 사람들이 수군거리고 손가락질했지만 그걸 생각할 처지가 아니었다. 리디아는 살림 외에도 국화를 심어

팔기 시작했다.
 부모님의 희생으로 왕가리의 집안 형편은 조금씩 나아졌고, 여섯 남매는 모두 무사히 학교를 졸업할 수 있었다.

2. 호기심으로 똘똘 뭉친 왕가리

> "나는 꽤 많은 기록을 갱신했죠. 이 분야에서 첫 번째 여자,
> 저 분야에서 첫 번째 여자······. 의식하지 못했지만
> 많은 질투를 불러일으켰을 거예요."

왕가리는 학교를 다니는 중에도 틈틈이 집안일을 도왔다. 케냐의 결혼 제도는 일부다처제였다. 일부다처제는 한 남자가 여러 명의 여자와 결혼을 하는 제도였다.

아빠 무타도 엄마 리디아를 두 번째 아내로 맞아 결혼했다. 남편이 여러 여자와 결혼을 하다 보니, 식구들을 먹여 살리려면 어쩔 수 없이 아내가 해야 할 일이 많았다. 그러다 보니 자식들 역시 바쁜 엄마를 도울 수밖에 없었다. 왕가리와 동생들도 매일 화장실을 청소했다.

"아유, 똥 냄새! 언니, 나는 화장실 청소가 제일 싫어!"

동생들은 울상이 되어 투덜거렸다. 여덟 식구가 화장실 한 칸을 함께 쓰다 보니 화장실이 깨끗할 리가 없었다. 냄새도 너무 지독했다. 코를 막아도 소용없었다.

"자, 이렇게 숨을 참고 재빨리 치우는 거야. 하나 둘 셋!"

왕가리는 어린 동생들을 달래며 화장실 구석구석을 청소했다. 그리고 남는 시간에는 빨래를 했다. 빨래할 물이 떨어지면 물을 길러 오기 위해 산 아래 샘까지 몇 시간씩 걸어 다녀와야 했다. 식사 준비를 돕는 것도 만만치 않았다.

심지어 집을 짓거나 수리하는 일도 도와야 했다. 맨손으로 진흙과 돌을 날라다가 벽과 담을 쌓았다. 어린 여자 아이가 하기에는 모두 벅찬 일이었지만, 왕가리는 야무지게 잘 해내었다.

리디아는 그런 왕가리를 든든히 여겼다. 그녀는 왕가리에게 집안일 외에도 식물을 심고 곡식을 돌보는 방법을 가르쳐 주었다.

"비가 올 때는 그냥 있지 말고, 얼른 뭐라도 심어 두어야 한단다."

왕가리는 엄마를 따라 농장에 다니며 완두콩, 콩, 옥수수, 참마와 바나나, 사탕수수 등을 열심히 심었다. 케냐의 땅은 기름지고 비옥했다. 왕가리는 부드러운 흙을 맨손으로 만지작거리는 게 좋았다.

'흙은 참 촉촉하고 부드럽구나. 이렇게 흙을 파고 씨앗을 심는 일은 정말 재미있어. 그런데 이 씨앗들은 얼마나 빨리 자랄까?'

궁금한 나머지 왕가리는 흙을 덮었다 파기를 반복하며 씨앗을 들여다보았다.

"안 돼, 왕가리!"

반대편에서 씨앗을 심고 있던 리디아가 소리치며 왕가리에게 달려왔다.

"얘야, 흙을 그렇게 뒤적이면 안 된단다. 흙으로 씨앗을 잘 덮어 주고 씨앗이 스스로 흙을 뚫고 나와서 다 자랄 때까지 천천히 기다려 줘야 해. 알겠니?"

"네, 엄마."

며칠 뒤, 왕가리는 농장으로 가 보았다.

"엄마, 옥수수 싹이 드디어 나왔어요! 야호!"

왕가리는 기뻐서 소리쳤다. 왕가리는 엄마와 함께 농사를 지으며 땅, 물, 공기와 빛이 자연의 모든 생명을 위해 서로 돕는다는 것을 알았다. 그리고 자연과 사람이 한 가족이라는 것을 깨달았다.

왕가리는 나날이 자연에 대한 호기심이 많아졌다. 왕가리의 하루 일과 중 하나는 무화과나무 아래 샘가에 가는 일이다. 무화과나무 아래에는 수천 개의 개구리 알이 있었다. 왕가리는 개구리 알을 가지고 놀고 싶어서 몇 번이나 손으로 알을 떠 보았지만 쉽지가 않았다. 그런 왕가리가 신기했던 친구 미리암이 왕가리에게 물었다.

"대체 개구리 알을 어디에 쓰려고 그래? 징그럽지 않니?"

"아니, 하나도 안 징그러워. 잘 봐. 검정색, 갈색, 흰색 구슬 같지 않니? 몽글몽글 젤리 같은 알을 모아서 예쁜 목걸이를 만들어 보고 싶어."

"넌 정말 호기심이 많아도 너무 많아."

미리암이 혀를 내두르며 대꾸했다.

왕가리의 집 주변 숲에는 코끼리, 영양, 원숭이, 표범도 함께 살고 있었다. 가끔은 표범과 같은 무서운 짐승이 사람들이 사는 동네로 어슬렁어슬렁 내려오기도 했다. 어른들은 표범을 무서워했다.

하루는 왕가리가 미리암과 숲 속에서 놀 때였다. 두 소녀는 새소리를 듣고, 새 이름을 알아맞히는 놀이를 하고 있었다. 그때, 갑자기 응가리* 울음소리가 났다.

캬우웅!

"표범 울음소리야! 우리를 잡아먹을까 봐 너무 무서워. 이제 그만 집에 가자."

미리암은 짐승의 울음소리를 듣자 덜컥 겁이 났다.

"괜찮아, 미리암. 표범을 만나면 엄마가 이렇게 말하면 된다고 했어. '안녕! 너는 응가리, 나는 왕가리야. 너랑 나랑은 둘 다 표범이니 우리 친하게 지내는 게 어때?'라고 말이야. 표범은 아무 때나 사람을 해치지 않는대."

왕가리는 미리암의 어깨를 토닥이면서 말했다.

그제야 미리암은 안심했다.

---

* 응가리 케냐 키유쿠족이 썼던 고유어로 표범을 뜻합니다. 왕가리가 영어를 쓰기 전에 사용한 언어입니다.

중학교를 졸업한 왕가리는 여자 아이로서는 드물게 고등학교에 입학했다. 왕가리가 다니게 된 로레토 여자고등학교는 나이로비에서 조금 떨어진 도시 리무루에 있었다. 고등학교에 다니기 위해서 왕가리는 집을 떠나야 했다.

'내가 없으면 엄마는 누가 도와주지? 동생들은 누가 돌보지? 고등학교에 가면 학비도 많이 들 텐데. 괜히 나 때문에 우리 가족을 더 힘들게 하는 건 아닐까?'

그때 왕가리를 본 오빠 은데리투가 다가와 말했다.

"왕가리, 무슨 고민 있니?"

"그게……. 고등학교를 다녀도 되는 건지 잘 모르겠어. 가족도 걱정되고……."

"걱정하지 마. 오빠가 있잖아. 너는 똑똑한 아이니까 더 넓은 세상에 나가 훌륭한 사람이 되어야지."

은데리투는 호주머니에서 작은 돈주머니를 꺼내 왕가리에게 내밀었다.

"오빠, 이게 뭐야?"

은데리투가 웃으며 말했다.

"오빠가 학교에 다니는 동안 아르바이트를 해서 번 돈이야.

이 돈을 보태서 학교에 꼭 다녀."

은데리투는 기숙사 방에 화로를 두고 다른 학생들에게 물을 끓여 주며 한 푼 두 푼 모은 돈을 왕가리에게 모두 주었다. 왕가리는 눈물을 글썽이며 말했다.

"오빠, 정말 고마워. 꼭 훌륭한 사람이 될게."

로레토 여자고등학교는 수녀님이 학생을 가르쳤다. 그중 자연과학을 가르쳤던 데레사 수녀님은 왕가리에게 관심이 많아 심부름을 종종 시켰다.

"왕가리, 실험실에서 쓸 비커와 시험관 씻는 일을 좀 도와줄래?"

"네, 수녀님."

"왕가리, 도서관에 가서 수업 시간에 쓸 자료를 찾아 주렴."

"네, 수녀님."

왕가리는 무슨 일이든 열심히 했다. 데레사 수녀님은 왕가리가 무엇을 좋아하는지 잘 알고 있었다.

'왕가리는 과학 실험에 관심이 많구나.'

데레사 수녀님은 콜롬비에르 원장 수녀님을 찾아가서 왕가리의 진로를 상담했다.

"교장 선생님, 왕가리는 힘들고 어려운 실험도 포기하지 않아요. 그 아이는 훌륭한 자연 과학자가 될 거예요. 비록 여자아이지만 그 아이가 계속 공부할 수 있도록 장학금을 주셨으면 좋겠어요."

"그러지요."

1959년, 왕가리는 고등학교 졸업을 앞두고 있었다. 학교를 졸업하고 나면 케냐의 남자들은 교사나 관청의 공무원이 될 수 있었지만, 여자들은 직장을 갖기가 쉽지 않았다. 좋은 직업이라고 하면 교사나 간호사가 되는 것이었다.

'이제 곧 졸업인데, 앞으로 무슨 일을 해야 할까?'

왕가리는 공부를 더 하고 싶었지만, 그럴 형편이 안 되었다. 게다가 공부를 많이 한 여자를 바라보는 케냐 사람들의 시선도 곱지 않았다.

어느 날, 데레사 수녀님이 치마를 걷어 부치고 헐레벌떡 뛰어왔다.

"왕가리! 왕가리, 어디 있니?"

"수녀님, 저 여기 있어요. 무슨 일이세요?"

"미국에서 편지가 왔어! 너를 미국에 있는 대학교에서 공부할 수 있도록 해 준대!"

그때까지만 해도 케냐에는 대학교가 없었다. 그런데 미국 케네디 대통령이 케냐 학생 100명을 뽑아 미국에 있는 대학을 다닐 수 있도록 지원했고, 그중 왕가리가 뽑힌 것이었다.

"어머! 정말이에요? 얏호!"

왕가리는 너무 기뻐서 잔디밭을 폴짝폴짝 뛰어다녔다. 왕가리의 엄마 리디아는 이 소식을 듣고 한걸음에 달려왔다.

"장하다, 내 딸! 엄마와 가족들은 걱정하지 말고, 더 넓은 땅에 가서 네 꿈을 펼쳐라!"

"네, 알겠어요. 엄마."

미국 유학을 떠나게 된 왕가리의 소식을 듣고, 질투를 하는 사람들도 있었다.

"쳇! 여자 주제에 시집갈 때가 되었으면 결혼을 해서 적당히 살림이나 할 것이지. 공부는 무슨 공부야. 그것도 못된 백인들이 사는 미국 땅에 간다고? 미쳤군."

"맞아, 케냐의 독립을 위해 힘쓰다가 감옥에 갇힌 사람들도 있는데! 백인이 주는 혜택을 받다니! 배신이야! 민족의 적이야!"

키쿠유에 사는 이웃들은 왕가리를 눈엣가시처럼 미워했다. 어떤 날에는 길을 가다가 이상한 사람이 휘두른 망치에 맞아 어깨를 다치기도 했다. 그래도 왕가리는 이웃 사람들을 미워하지 않았다.

'사람들이 정말로 나를 미워해서 그러는 게 아니야. 그들이 배우지 못하고 잘 몰라서 그래. 미국에서 공부를 많이 하고 돌아오자. 그리고 케냐의 국민으로서 꼭 보탬이 되는 사람이 되자.'

왕가리는 가족들과 작별 인사를 한 뒤, 짐을 꾸려서 미국 켄자스로 가는 비행기에 몸을 실었다.

3. 낯선 나라, 미국에 발을 딛다

"아무도 그들을 멈추게 하지 않는다면
내가 그들을 멈추게 하겠어요."

1960년, 왕가리는 고등학교 동창인 아가타와 함께 뉴욕에 도착했다. 미국은 정말 신기한 것이 많았다.

"아가타, 저것 봐! 넓은 도로에 자동차가 아주 많이 다니고 있어!"

"그러게. 케냐에서는 자동차를 보기 힘들었는데, 여긴 자동차가 정말 많아!"

아가타도 흥분해서 소리쳤다.

대형 백화점으로 들어간 왕가리와 아가타는 엘리베이터를

탔다.

"아가타, 케냐에서는 엘리베이터가 4층뿐이었는데 여기는 30층까지 있어. 아주 빠른 속도로 꼭대기까지 올라가네!"

왕가리와 아가타는 높은 층으로 계속 올라가는 엘리베이터가 신기했다. 그런데 조금 지나자 속이 울렁거리며 현기증이 났다.

백화점 안에는 화려하고 신기한 물건들이 가득했다. 난생처음 에스컬레이터를 타다가 신발 한 짝이 벗겨지기도 했다.

"으하하! 왕가리, 네 신발이 벗겨졌어!"

"어떡해! 누가 내 신발 좀 주워 주세요!"

왕가리와 아가타는 신발을 주우려고 허둥대다가 서로 눈이 마주치자, 배꼽이 빠지도록 웃어 댔다.

뉴욕에 와서 가장 신기한 것은 텔레비전과 극장이었다. 왕가리는 극장에서 상영되는 영화를 보면서 깜짝 놀랐다.

'흑인은 케냐에만 살고 있는 줄 알았는데, 미국에 오니까 흑인은 물론 백인, 황인, 인디언까지 정말 다양한 인종이 살고 있구나.'

뉴욕에서 이곳저곳을 둘러보고 나자 왕가리는 가족들이

그리워졌다.

'이런 풍경을 오빠와 동생과 함께 보았다면 정말 좋았을 텐데…….'

왕가리는 가족의 목소리가 듣고 싶었다. 케냐에서는 전 국민의 1퍼센트만이 전화기를 갖고 있었는데, 왕가리 집에는 전화기가 없었다.

'내가 먼 미국까지 온 이유를 잊지 말자. 조금만 참자.'

며칠 뒤, 왕가리와 아가타는 뉴욕을 떠나 대학교로 가는 버스에 올랐다. 버스 창문 밖으로 끝없이 넓게 펼쳐진 옥수수밭이 보였다. 한 농부가 농기계를 사용해서 옥수수를 거두어들이고 있었다. 왕가리는 그 모습을 보고 깜짝 놀랐다.

"아가타, 저 농부는 옥수수를 농기계로 수확하고 있어. 케냐에도 저런 기계가 있다면 여자들이 힘들게 농사를 짓지 않아도 될 텐데."

"그래. 기계를 사용하면 훨씬 많은 옥수수를 빨리 딸 수 있을 거야."

왕가리는 한참 동안 농기구에서 눈을 떼지 못했다.

대학교를 향해 한참을 달리던 버스가 잠시 간이 휴게소에 멈추어 섰다. 버스에서 내리자 한 시골 가게에 걸린 빨간 간판이 보였다.

"왕가리, 저것 봐! 가게에서 톡톡 쏘는 달콤한 콜라를 판대."

"그래? 한번 들어가 볼까?"

왕가리가 앉을 자리를 찾는 동안 음료수를 사러 갔던 아가타가 힘없이 빈손으로 돌아왔다.

"아가타, 무슨 일이야?"

"우리는 자리에 앉아서 마실 수 없대."

"왜?"

"우리가 흑인이라서."

아가타의 말을 들은 왕가리는 화가 났다.

"왜 우리만 바깥에서 마셔야 되지? 그냥 나가자!"

케냐에서도 얼굴이 검다고 놀려 대는 백인들 때문에 답답했는데, 다양한 인종이 살고 있는 미국에서도 흑인을 차별한다고 생각하니 왕가리는 너무 화가 났다.

'피부색이 검은 게 죄는 아니잖아! 미국에 오면 인종 차별이 없을 줄 알았는데……. 나도 그들과 같다는 걸 보여 줘야지.'

왕가리가 공부했던 대학교는 수녀 일곱 명이 세운 학교였다. 그래서 하루에도 몇 번씩 기도를 올리고, 예배와 성찬을 드려야 했다. 왕가리는 수녀님들의 가르침을 따라 밤낮으로 열심히 공부했다. 4년 동안 왕가리를 지켜본 브레이즐 수녀님은 왕가리가 더 많은 공부를 할 수 있도록 추천장을 써 주었다.

왕가리 학생은 미국 생활에 훌륭하게 적응하고 있습니다. 우리 학교에 이토록 뛰어난 아프리카 학생이 들어와서 졸업을 하게 되어 매우 자랑스럽고 기쁩니다. 왕가리는 머나먼 타국에서 케냐 국민을 대표하고 있습니다. 앞으로 이 학생이 좀 더 뛰어난 능력을 발휘할 수 있도록 도와주세요!

왕가리는 학사 과정을 마치자마자 브레이즐 수녀님의 추천장을 들고 피츠버그 대학에 들어갔다. 피츠버그 대학은 미국에서도 오랜 전통을 자랑하는 학교였다. 그곳에서 왕가리는 생물학 석사 과정을 공부했다. 그리고 찰스 랄프 교수님을 스승으로 맞았다.

"왕가리 학생, 나는 흑인이거나 여자라고 해서 차별하지 않을 겁니다. 최선을 다해 당신의 능력을 발휘하세요."

"감사합니다. 랄프 교수님."

랄프 교수는 왕가리에게 새로운 연구 과제를 주었다.

"왕가리 학생, 바퀴벌레의 생활사를 연구해 보는 건 어떨까요?"

"네, 교수님. 한번 해 볼게요."

하지만 바퀴벌레를 연구하는 일은 쉽지 않았다. 몸이 힘든 것보다 정신적인 스트레스가 점점 심해졌다.

"랄프 교수님, 바퀴벌레를 연구하는 일은 제게 너무 맞지 않아요. 종일 온몸에 바퀴벌레가 기어다니는 것 같아요."

"그럼 무엇을 연구하고 싶은 가요?"

잠시 머뭇거리던 왕가리가 결심한 듯 랄프 교수에게 말했다.

"교수님, 저는 동물의 뇌를 연구하고 싶어요. 동물들 생활에 뇌가 어떤 역할을 하는지 알고 싶습니다."

"좋아요. 그렇게 하도록 해요."

랄프 교수는 왕가리가 하고 싶은 공부를 할 수 있도록 배려했다.

왕가리는 본격적으로 동물의 뇌를 비롯한 동물 생리학에 대해 공부하기 시작했다. 동물 생리학은 동물의 몸 속 기관이

나 조직 세포의 기능을 관찰하고 연구하는 학문이었다.

왕가리는 대학교 안에 있는 기숙사에 살면서 날마다 생물학부 실험실을 찾았다. 그곳에서 동물의 신체 조직을 현미경으로 들여다보고 분석했다.

랄프 교수는 실험실을 지나갈 때마다 늦은 밤까지 켜져 있는 불빛을 보고는 흐뭇해 했다.

'왕가리 학생은 정말 부지런하군. 현미경을 사용하는 손놀림도 능숙하고 장래가 아주 밝은 학생이야.'

왕가리는 메추라기의 생식선에 대한 연구에 몰두했다.

'메추라기는 몸집이 작은데도 한 번에 7~12개까지 알을 낳는다. 메추라기의 생식선이 메추라기의 나이와 환경에 따라 어떻게 달라지는지 알아보면 분명 다른 동물을 기르는 데도 도움이 될 거야.'

왕가리는 기숙사와 실험실을 오가는 시간이 너무 아까웠다. 그래서 실험 결과가 나오면 기숙사에 가지 않고, 실험실 옆에 있는 사무실에서 실험 결과를 정리하고 바로 논문을 써 내려갔다. 논문을 서둘러 정리하고 고향으로 빨리 돌아가고 싶은 마음도 있었다.

'가족들이 너무 그리워…….'

이때만 해도 케냐에 살고 있는 가족과 편지를 주고 받는데 6개월 정도가 걸렸다. 가족들 소식뿐만 아니라 케냐의 사정도 궁금했다. 1963년에 독립한 케냐가 지금쯤 어떤 모습으로 달라졌는지 알고 싶었다.

이즈음 베트남 전쟁이 일어났다. 미국은 군인들을 모아 베트남으로 보냈다. 하지만 학생들은 베트남 전쟁을 반대했다. 너무 많은 군인들이 죽어 갔기 때문이었다.

하루는 아가타가 울며 왕가리를 찾아왔다.

"왕가리, 우리 친구들이 베트남 전쟁에 참전했다가 총에 맞아서 죽었대."

"뭐라고?"

왕가리는 친구들의 장례식을 치루면서 마음이 아팠다.

'나는 지금 여기에서 무엇을 하고 있는 걸까? 이 전쟁은 도대체 누구를 위한 걸까?'

왕가리는 학교로 돌아와 짐을 싸며 곰곰이 생각했다.

'케냐인으로서, 흑인 여성으로서 내가 할 수 있는 일이 무엇일까? 한시라도 빨리 케냐로 돌아가서 케냐를 위해 뭔가를 해야만 해!'

1966년 1월 6일, 왕가리는 마침내 고향으로 돌아왔다. 나이로비 국제공항에서 가족들이 왕가리가 탄 비행기가 도착하기만을 기다리고 있었다.

"왕가리, 어서 오렴."

"엄마, 아빠, 너무너무 보고 싶었어요."

왕가리는 가족을 껴안고 기쁨의 눈물을 흘렸다.

4. 호프만 교수와 함께 연구하다

"나는 대단히 쓰디쓴 경험을 겪게 되었습니다.
나는 속았고, 굴욕을 당했고, 공적으로
폭로되었다고 느꼈습니다. 그 모든 일에서
정말 잘못이 있는 사람은 내가 아니었어요."

독일에서 케냐의 대학으로 오게 된 라인 홀트 호프만 교수는 고민이 많았다. 나이로비의 동아프리카 대학에 수의학부를 새로 만들려고 하는데, 케냐에는 자기를 도와줄 사람이 없었기 때문이었다.

그러던 어느 날, 호프만 교수는 한 학생이 보낸 이력서를 보고 깜짝 놀랐다.

"아니, 케냐의 여성 중에 이렇게 똑똑하고 재능 있는 학생이 있었다니!"

이력서의 주인공은 다름 아닌 왕가리였다. 호프만 교수는 왕가리가 자기 일을 도와줄 수 있을 거라고 믿었다. 그래서 바로 왕가리에게 답장을 썼다.

친애하는 왕가리 양.
안녕하시오. 나는 호프만 교수라오.
실은 내가 요즘 코끼리 때문에 골머리를 앓고 있어요. 얼마 전 케냐 정부는 국립공원의 코끼리가 새끼를 너무 많이 낳아서 큰일이라고 했다오. 덩치가 큰 코끼리 가족들이 하루에도 150킬로그램의 잎사귀와 풀을 뜯어먹는 바람에 초원이 점점 없어지고 사막이 늘어나고 있다는 것이었지요. 이 때문에 케냐 정부에서는 코끼리 수를 줄이기 위해 전자총으로 코끼리를 쏘아 죽이는 끔찍한 일을 벌였소. 그래서 나는 연구 끝에 코끼리가 새끼를 조금만 낳게 하는 약을 만들어 먹였고 코끼리의 수를 줄이는 데 간신히 성공했소. 그런데 최근 케냐 정부에서 코끼리 숫자를 다시 늘려달라지 뭐요?
당신은 생물학자지만 동물에 관해 잘 알고 현미경도 잘 다루고, 어렵고 힘든 실험도 곧잘 한다지요?
이곳에 와서 나를 도와주기를 바랍니다.

호프만 교수.

왕가리는 호프만 교수의 부름을 받고 한걸음에 대학으로 달려왔다. 하지만 일할 사람을 뽑는 심사위원회에서는 왕가리를 반대했다.

"다른 남학생도 많은데 왜 하필 여자를 뽑으려고 하시오?"

"그녀는 미국에서 다른 사람보다 학위를 빨리 땄소. 공부를 대충 한 게 아니오?"

"이 여자에게 정말로 생물학 박사 학위가 있기는 한 거요?"

심사위원회는 왕가리의 자격을 심사하지 않았다. 그저 여자가 교수를 한다는 게 싫었던 것이었다. 하지만 호프만 교수는 심사위원회 참석자들을 끈질기게 설득했다.

"수의학을 전공한 학생 중에서 왕가리 양처럼 뛰어난 자질을 가진 사람은 더 없을 것입니다. 이 사람을 뽑지 않으면 대학은 반드시 후회할 것이오!"

왕가리는 호프만 교수의 적극적인 추천으로 한 달에 5백 달러를 받고, 조교 강사로 1년 간 일하게 되었다.

"호프만 교수님, 흑인 여자라고 차별하지 않고, 오로지 제 능력만 보고 뽑아 주셔서 정말 감사합니다."

"아니오, 당신은 하늘에서 내게 보내 준 사람입니다!"

심사위원회에서 제공해 준 왕가리의 연구실은 아주 낡고 오래된 곳이었다. 하지만 왕가리는 실망하지 않았다. 오히려 보란 듯이 더 열심히 일하기로 다짐했다.

왕가리는 호프만 교수를 도와 열심히 일했다. 18명의 대학생들에게 현미경을 보는 방법도 가르치고, 호프만 교수의 강의 준비는 물론 코끼리의 생식선을 연구하는 일도 도왔다. 남아프리카 암코끼리 엉덩이에 깊숙이 팔을 넣어 조사하는 일도 꺼리지 않았다. 공원에 나가서 헬리콥터에서 발사한 마취제 때문에 잠든 코끼리를 관찰하기도 했다.

조교로 일한 지 1년이 지나자 왕가리는 호프만 교수에게 조심스럽게 말했다.

"교수님, 지금 하는 일도 무척 재미있지만 동물에 대해 공부를 더 하고 싶어요. 독일에 가서 박사 학위를 딸 수 있도록 도와주세요."

호프만 박사는 기꺼이 허락해 주었다.

"언제든 당신의 꿈을 펼치세요, 왕가리 양. 당신은 훌륭한 학자가 될 수 있을 거요. 내가 독일 학교에 갈 수 있도록 장학금을 신청해 주겠소."

"정말 감사합니다, 호프만 교수님."

독일로 유학을 떠나기 전, 왕가리에게 새로운 인연이 찾아왔다.

조교 일을 하던 왕가리는 오랜만에 휴가를 얻어서 친구들과 나이로비에서 열리는 조촐한 파티에 갔다. 그때 한 남자가 왕가리에게 다가와 인사를 했다.

"안녕하세요, 전 므왕기 마타이라고 합니다."

"네, 반갑습니다."

왕가리는 낯선 남자에게 수줍게 인사를 건넸다. 그러자 므왕기가 왕가리를 보고 환한 미소를 지었다. 왕가리의 가슴이 두근두근 뛰기 시작했다.

므왕기는 착하고 잘생긴 청년이었다. 그리고 왕가리와 같은 종교였다.

"저는 미국에서 사회학 공부를 마치고 정유회사에서 사업가로 일하고 있습니다. 저와 친구가 되어 주시겠습니까?"

"좋아요."

왕가리는 므왕기가 마음에 들었다.

"저는 나이가 들면 정치인이 되고 싶어요. 당신은 어떤 꿈이 있나요?"

"전 동물학을 연구하고 있는데, 공부를 마치고 대학 교수가 되는 게 꿈이에요."

두 사람은 서로의 꿈을 응원하면서 빠르게 가까워졌고, 점점 서로를 좋아하게 되었다. 왕가리는 므왕기와 평생을 함께하고 싶었다.

"왕가리 양, 저와 결혼해 주시겠습니까?"

어느 날, 므왕기는 왕가리에게 청혼을 했고, 왕가리는 기꺼이 받아들였다. 왕가리는 그길로 집으로 달려가 부모님에게 이 사실을 알렸다.

"정말 잘 되었구나. 결혼해서 아이도 낳고 오래오래 행복하게 살렴."

부모님은 왕가리의 결혼을 진심으로 축하해 주었다.

1967년 여름, 왕가리는 므왕기와 검소하게 결혼식을 올렸다. 나쿠루에 있는 아빠 무타의 농장에서 전통 혼례를 치른 다음, 나이로비 성당에 가서 하얀 웨딩드레스를 입고 가톨릭 예식을 치렀다. 왕가리는 이제 왕가리 무타에서 성을 바꾸어 왕가리 마타이가 되었다. 결혼 후, 왕가리는 독일로 유학을 떠났다.

독일 유학 생활은 생각만큼 쉽지 않았다. 집을 구하는 것부터가 어려웠다. 어떤 집주인들은 흑인 여자에게는 집을 빌려줄 수 없다고 말하며 면전에서 문을 쾅 닫아 버렸다. 그러나 아직 마음이 따뜻한 사람들도 있었다. 왕가리는 급한대로 함께 공부하러 온 시간 강사의 집에 얹혀살게 되었다. 그리고 교수의 꿈을 이루기 위해 한 걸음씩 나아갔다.

독일에서 자료를 수집한 왕가리는 2년 후, 나이로비로 돌아왔다. 왕가리는 강사로 일하며, 박사 학위를 위한 연구와 논문 준비도 게을리하지 않았다.

또한 아이를 하나둘씩 출산해 엄마 역할까지 소화해 내야 했다. 왕가리는 새삼 엄마 리디아가 그리웠다.

'엄마는 정말 대단한 분이셨어. 어떻게 그 많은 일을 하시면서 우리 여섯 남매를 모두 잘 키우셨을까?'

설상가상으로 남편 므왕기가 국회의원 선거에 출마하게 되었다. 왕가리는 남편을 도와 선거운동까지 하게 되었다.

왕가리는 나이로비 대학에서 소에 대해 연구하기 시작했다.

'케냐는 아직 미국처럼 기계식 농사가 발달하지 못했어. 그나마 소가 있는 집들은 농사짓는 데 소의 큰 도움을 받고 있어. 하지만 농부들은 먹고 사는 데 바빠서 소에 대해 공부할 시간이 없잖아. 내가 소에 대해서 연구를 하면 케냐에 도움이 될 거야.'

왕가리는 소의 생식과 각 기관의 역할에 대해 공부했다.

그러던 어느 날, 한 부인이 왕가리를 찾아왔다.

"선생님, 우리 마을 소들이 아파요. 농사를 지으려면 소가 있어야 하는데 전염병이 돌았나 봐요. 소가 자꾸 픽픽 쓰러져 죽어서 손해가 이만저만이 아니에요. 와서 좀 봐 주세요."

"알겠어요. 제가 지금 갈게요."

왕가리는 마을로 내려가서 소를 살펴보았다.

"소들이 진드기병에 걸려서 열이 나는 거예요. 소의 털 속에 진드기가 많이 살고 있으면 다른 소한테 병을 옮겨요. 그러니 소의 털을 자주 빗겨 주어야 합니다."

하지만 왕가리가 아무리 설명을 해 주어도 농부들은 시큰둥한 표정만 지었다. 답답해진 왕가리가 농부들에게 물었다.

"대체 왜 제 말을 안 듣는 거죠?"

그러자 한 농부가 한숨을 쉬며 말했다.

"소만 문제가 있는 게 아닙니다."

"예? 그게 무슨 말이에요?"

왕가리가 다시 물었지만 농부들은 한숨만 쉴 뿐 대답하지 않았다.

왕가리는 고개를 갸우뚱거리며 마을을 둘러보기로 했다. 차를 타고 가는 길에 땅을 살펴보니 어딘가 이상했다.

"땅이 왜 이렇게 질퍽거리지? 내가 어릴 때 보았던 흙과 다른걸?"

왕가리는 고개를 들어 들판을 바라보았다.

"그러고 보니 건강한 소들도 모두 비쩍 말라 있구나. 소가 먹을 풀이 없어서 그런가 봐. 그런데 왜 풀과 나무들이 자라지 않는 걸까?"

왕가리는 차에서 내려 손으로 흙을 만져 보았다.

"흙 속에 영양분이 없구나. 그래서 풀이 잘 자라지 못하는 거야. 흙이 아프면 풀 뿐만이 아니라 사람이 먹는 농작물도 자라지 않을 텐데……."

아니나 다를까 나이로비 사람들을 자세히 보니, 영양실조에 걸렸거나 전보다 더욱 가난하게 살고 있었다.

"세상에! 케냐에서 가장 비옥한 땅이 어쩌다 이렇게 되었지?"

왕가리는 걱정스런 마음을 다잡으며 마을 근처를 모두 조사했다. 그리고 흙이 잘못된 이유를 찾았다.

케냐가 독립한 뒤, 수출로 이윤을 남기기 위해 상업용 나무 농장이 많이 생겼다. 그런데 그곳에서 쓰던 영양분 빠진 나쁜 흙이 농장 밖으로 흘러나와 들판의 땅을 오염시키고 있었다.

흙만 나빠진 것이 아니었다. 왕가리가 어렸을 때보다도 물이 더 부족해졌다. 들판에는 여자 아이들이 여전히 물동이를 지고 힘겹게 물을 나르고 있었다. 그나마도 물이 부족해서 서로 싸움을 하기도 했다.

왕가리는 어릴 적 자주 놀았던 샘가로 달려갔다.

"이럴 수가! 샘이 몽땅 말라 버렸잖아. 어떻게 된 걸까?"

주변을 둘러본 왕가리는 예전과 달리 풍경이 휑한 걸 느꼈다.

"그러고 보니 여기 심어져 있던 무화과나무가 몽땅 베어졌구나."

그 순간, 어린 시절 기도할 때마다 엄마 리디아가 했던 말이 떠올랐다.

"왕가리, 기억하렴. 나무 한 그루는 인간에게 많은 것을 선물한단다."

'그래, 엄마는 항상 내게 나무가 인간에게 얼마나 중요한지 알려 주셨지.'

수천 년 동안 무화과나무는 케냐 사람들을 돌보아 왔다. 무화과나무의 뿌리는 땅속을 뚫고 사방으로 뻗어나간다. 특히 물을 빨아들이기 위해서 물이 있는 곳, 지하수가 있는 곳으로 뿌리를 깊이 내린다.

지하수는 무화과나무의 뿌리를 타고 여행을 하다가 땅이 움푹한 곳을 거치거나 약한 부분에 닿으면 거기서 저절로 뿜어져 나왔다. 그래서 무화과나무 숲 근처에는 샘이나 개울이 생겼다.

무화과나무는 자연 속에 살고 있는 많은 생명에게 물을 주고 생명력을 이어나갈 수 있게 해 주었다. 왕가리는 자기가 좋아하던 개구리 알도 이 무화과나무 샘가에 있었던 것이 기억

났다.

'나무는 인간들에게 물을 가져다 주는 일 말고도 뿌리를 이용해 흙을 단단하게 뭉쳐 주는 역할도 해. 땅이 단단해지면 비가 왔을 때 침식되거나 산사태가 나는 일도 드물지. 그러고 보니 최근 산사태가 많이 일어난 것도 무화과나무가 없어졌기 때문이었구나.'

왕가리는 케냐 사람들이 먹고 살기 힘든 이유가 병든 소 때문이 아니라는 걸 깨달았다. 더 큰 문제는 나무가 사라지고 있다는 것이었다.

'사람들에게 나무는 정말 중요해. 음식을 만들려면 땔감이 필요하고, 집을 짓거나 울타리나 헛간을 지으려고 해도 나무가 필요하잖아. 나무가 없으니까 땔감이 없어서 음식을 마음껏 익혀 먹을 수도 없고, 밀가루나 옥수수만 먹으니까 사람들이 영양실조에 걸리게 된 거야. 또 나무뿌리가 없어서 땅을 단단하게 만들어 주지 못하니까 바람이 조금만 불어도 흙먼지가 마구 날리고, 먼지 구름이 점점 커져서 학교 지붕이 날아가는 사고도 생긴 거였구나.'

왕가리는 학교로 돌아와서 자신이 이 문제를 해결하기 위해 어떤 일을 할 수 있을지 생각해 보았다. 그러다가 좋은 생각이 떠올랐다.

'그래, 나무를 심는 거야.'

나무는 사람들과 동물들에게 따가운 햇볕을 가릴 수 있는 그늘을 주고, 샘물도 다시 펑펑 솟아나게 할 것이다. 아름다운 새나 작은 동물들도 다시 숲으로 돌아올 테고, 사람들에게 좀 더 풍성한 먹을거리를 줄 수도 있을 것이다. 대자연이 나무로 인해 생명력을 다시 찾게 될 것이다.

'하지만 그 많은 나무를 어떻게 심고 기르지?'

왕가리는 한숨을 쉬었다.

'혼자서는 안 되겠어. 마을 사람들에게 함께 나무를 심자고 설득해 봐야겠어!'

왕가리는 서둘러 마을로 달려갔다.

5. 나무 심기, 그린벨트 운동의 시작

"사람들은 여자들이 나무 심는 것을 보고,
배운 게 없는 이들이라서 나무를 못 심는다고 말했어요.
나는 그렇지 않다고 말했어요.
그들은 '학위 없는 산림 감독관'이었죠."

왕가리가 나무를 심는 일로 골몰해 있는 사이, 남편 므왕기에게 기쁜 소식이 찾아왔다.

"여보, 내가 국회의원에 당선되었어!"

므왕기는 기뻐서 소리쳤다.

"정말이에요? 축하해요 여보! 드디어 꿈을 이루었군요!"

둘은 얼싸안고 기쁨을 나누었다.

"그런데 여보, 당신이 선거 전에 한 약속은 어떻게 지킬 생각이에요?"

왕가리가 므왕기에게 물었다.

"무슨 약속?"

"당신이 국회의원이 되면 우리 지역구에 사는 사람들에게 더 많은 일자리를 주겠다고 약속했잖아요."

그러자 므왕기가 귀찮은 듯 귀를 후비며 말했다.

"에이, 그건 선거 때가 되면 누구나 하는 말이잖아."

"뭐라고요?"

"이제 국회의원이 되었으니까 그런 건 잊어버려도 돼."

"어떻게 그럴 수가 있어요. 약속은 지켜야지요."

"무식한 사람들이니 금방 잊어버릴 거야."

왕가리는 남편에게 크게 실망했다.

"아니에요. 시민들은 약속을 잊지 않아요. 당신이 약속을 지키지 않으면 꼭 기억하고 있다가 다음 선거 때는 표를 주지 않을 거예요."

므왕기는 아내 왕가리의 충고를 귀담아듣지 않았다. 왕가리는 고민에 빠졌다.

'어떡하지? 남편 대신 나라도 약속을 지킬 수 없을까?'

그때 좋은 생각이 떠올랐다.

'그래! 나무를 심을 일꾼들이 필요하니 나무 심는 회사를 차리면 어떨까? 나무 한 그루를 심을 때마다 돈을 주는 거야. 그러면 가난한 사람들은 일자리를 얻을 수 있고, 나무를 많이 심으면 자연환경을 살릴 수 있으니까 시민들에게 모두 좋은 일이 될 거야.'

왕가리는 시민들과의 약속을 지키기로 했다. 그러고는 통장에서 큰돈을 찾아서 '인바이어러케어(Envirocare)'라는 이름의 회사를 만들었다. 일할 사람을 모집하려고 공고문도 냈다. 신문의 공고문을 본 사람들이 하나둘 몰려들었다.

"인바이어러케어가 뭐하는 데라고?"

"나무를 심는 회사래요."

"나무만 심으면 돈을 준대요."

"그 회사에 가서 나무도 심고 돈도 법시다."

"그럽시다."

왕가리는 카루라 숲을 관리하는 산림관 무라게 씨를 만나 부탁했다.

"무라게 씨, 우리 회사에서 카루라 숲에 묘목을 심을 수 있도록 도와주시겠어요?"

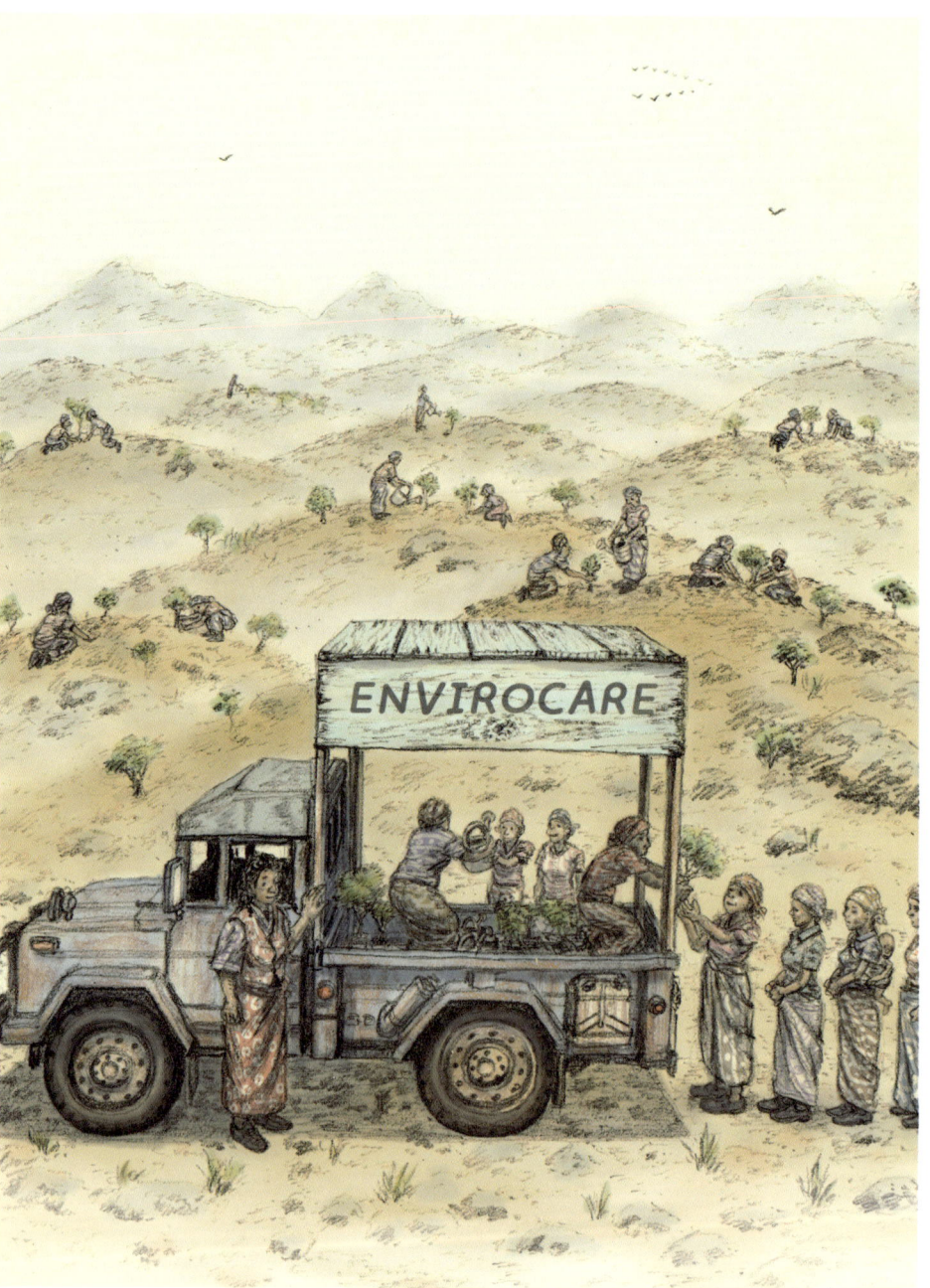

"기꺼이 그렇게 해 드리지요."

"감사합니다."

나무 심는 일은 이렇듯 순조롭게 진행되는 것처럼 보였다. 그런데 문제가 생겼다. 왕가리가 가진 돈이 터무니없이 모자랐다. 어린나무를 사 오고, 나무를 심을 때마다 사람들에게 돈을 주고, 나무를 심으러 가는 사람들을 차로 운반까지 하려니 얼마 못 가 빈털터리가 되고 말았다.

그러자 남편 므왕기는 왕가리에게 핀잔을 주었다.

"당신, 힘들게 번 돈을 모두 날릴 생각이야? 왜 그렇게 현명하지 못해? 당장 그만둬!"

왕가리는 포기하지 않았다. 국제농업시장에 가서 묘목을 전시해 후원자를 찾았다. 하지만 후원자들은 끝까지 나타나지 않았다.

1976년, 왕가리는 우연한 기회에 캐나다에서 열린 한 회의에 참석하게 되었다. 그곳에서 마더 테레사와 마가레트 미드를 만난 왕가리는 다시 큰 용기를 얻었다. 그러나 케냐로 돌아온 왕가리를 맞이한 건 자신의 농장에 놓아둔, 말라 죽은 묘목들이었다. 왕가리는 축 늘어진 묘목을 보는 순간, 다시 한 번

깊은 좌절감을 맛보았다. 그러나 왕가리는 자신의 열정을 끝까지 포기하지 않았다. 왕가리는 마지막으로 케냐 국립여성심의회를 찾아가 나무 심는 일을 도와 달라고 부탁했다. 케냐 국립여성심의회 의장은 왕가리의 말을 듣고 고개를 갸우뚱했다.

"저희는 여성 문제를 다루고 있어요. 나무를 심는 일은 산림청에서 해결해야 되는 문제라고요. 그런데 그 일이 여성과 무슨 상관이 있나요?"

"나무는 케냐 여성에게 아주 중요해요."

왕가리는 차분한 음성으로 의장을 설득했다.

"케냐는 독립한 뒤에 잘 먹고 잘 살기 위해서 무화과나무를 베고, 그 자리에 커피와 차나무 농장을 만들었어요. 외국에 수출을 해서 돈을 벌려고 그랬지요. 그런데 농장을 짓고 나니 곡물 농사를 못 하게 되었어요. 본래 우리 민족은 뿌리를 먹을 수 있는 카사바나 감자와 같은 전통적인 식품을 익혀 먹고 살았어요.

하지만 땔감이 부족해지고 나니 여자들은 요리도 제대로 할 수가 없게 되었어요. 할 수 없이 가족에게 흰 빵이나 옥수수 같은 가공식품만 먹이게 되었고, 탄수화물만 먹다 보니 비

타민이나 단백질이 모자라서 아이들이 자꾸 영양실조에 걸려요. 또 나무가 없으니 집을 마음대로 지을 수도 없고, 추워도 불을 땔 수가 없어서 아이들이 감기에 자주 걸리게 되었고요. 그뿐만이 아니에요. 나무가 줄어드니 샘이 말라 버리고 물이 더 부족하게 되었지요. 물이 없으면 빨래나 요리, 청소조차 할 수가 없잖아요. 가축들도 먹을 풀이 모자라서 모두 메마르거나 병에 걸렸고요. 이 모든 게 나무를 심지 않아서 생긴 일이랍니다."

왕가리의 말을 듣고 케냐 국립여성심의회 의장은 깊은 생각에 잠겼다.

"그러니까 선생님 말씀은 나무가 없어져서 여성들이 고통을 겪고 있다는 말이군요."

"그렇지요."

"그렇다면 이러고 있을 시간이 없어요. 어서 나무를 심어서 여성들을 도와야지요."

케냐 국립여성심의회 의장은 '우리 모두 힘을 합쳐 일하자'라는 하람베의 정신을 알리고 국민들에게 왕가리가 한 이야기를 그대로 들려주었다.

"여러분! 나무는 우리 여성들에게 아주 중요한 재산입니다. 우리 모두 힘을 합쳐서 나무 심기에 동참합시다."

왕가리는 전국 방방곡곡을 돌아다니면서 나무 심기의 중요성을 알렸다. 그러자 왕가리의 연설을 듣고, 여자들이 하나둘씩 모이기 시작했다.

"왕가리 선생님, 나무를 심으면 여자들이 하는 힘든 노동이 조금이나마 줄어들까요?"

제대로 먹지 못해 깡마른 한 부인이 물었다.

"그럼요. 나무를 심어서 집 주변에 샘이 솟아나면 물을 긷기 위해 몇 시간씩 걷지 않아도 되고요. 땔감이 없어서 추위에 떨지 않아도 돼요."

한 사람이 질문을 하기 시작하자, 다른 여자들도 하나둘씩 말들을 쏟아 냈다.

"왕가리 선생님, 저희는 나무를 한 번도 심어 본 적이 없는데요."

"걱정 마세요. 나무를 심는 방법은 아주 간단해요. 제가 가르쳐드릴 거예요."

"왕가리 선생님, 그렇지만 저희는 하루하루 일을 해야 간신히 먹고살 수 있어요. 나무 심을 시간이 없다고요."

주름이 깊게 패인 할머니가 말했다.

"여러분이 나무 한 그루를 심을 때마다 적지만 4센트씩 돈을 드릴 거예요."

그러자 광장에 모인 여자들의 얼굴이 환해졌다.

"정말이에요? 그동안 아침부터 저녁 늦게까지 힘들게 일을 했지만 우리는 돈을 벌어 본 적이 없어요."

여자들은 자신들도 남자들처럼 돈을 벌 수 있다는 사실에 기뻐했다. 열댓 명으로 시작한 나무 심기에 어느새 800여 명의 여자들이 모였다. 나무 심기 운동은 곧 전국으로 확산되어 그 수가 10만 명을 넘었다.

"왕가리 선생님! 이것 좀 보세요!"

케냐 국립여성심의회 의장이 왕가리에게 기쁜 소식을 전했다.

"나무 심기 프로그램을 보고 정부 기관에서 묘목을 아주 많이 보내 주었어요."

"잘되었네요."

나무 심기 운동은 '그린벨트 운동'으로 이름을 바꾸었다. 한

곳에 1천 그루 이상의 나무를 심어서 숲처럼 하나의 띠를 형성한다고 해서 붙여진 이름이었다.

"케냐 국민이 모두 1500만 명이니 한 사람이 한 그루씩만 심어도 1500만 그루가 심어질 거예요. 상상만 해도 대단하지 않아요?"

왕가리는 나무가 가득 심어진 들판을 상상하자 행복했다. 그린벨트 운동이 확산되면서 많은 여자들이 왕가리를 존경하기 시작했다. 하지만 시기하고 무시하는 사람들도 있었다.

"쳇! 여자가 나무 심는 게 뭐 그리 대단하다고 날마다 방송에서 떠들어 대!"

"여자들이 나무만 들고 있어도 이젠 꼴보기가 싫다고!"

"왕가리는 집에 가서 살림이나 하라고 해!"

하루는 왕가리가 묘목장에서 여자들에게 나무 심는 방법을 가르쳐 주고 있었다. 그때 산림관이 와서 왕가리에게 시비를 걸었다.

"당신은 산림관도 아니면서 왜 사람들에게 나무 심는 걸 가르치고 있지요?"

"뭐라고요?"

"나무는 여자들 따위가 아니라 학위가 있는 전문가가 심어야 합니다."

"좋습니다. 그러면 산림관인 당신이 저 여자들에게 나무 심는 방법을 가르쳐 주세요."

왕가리는 어이없는 듯한 표정으로 말했다.

산림관은 우쭐해져서 단상에 올라가 일장 연설을 시작했다.

"나무 심기의 관건은 토양의 구성 요소와 태양입니다. 태양의 위치와 화단 깊이, 자갈의 성분, 토양 유형을 알아야 하지요. 또 종묘장*을 성공적으로 운영하기 위해서는 특수한 기구와 비료가 필요합니다."

가난하고 배우지 못한 여자들은 산림관이 하는 말이 무슨 소린지 하나도 이해하지 못했다.

"무슨 말인지 하나도 모르겠네요. 그런 거 몰라도 지금껏

---

* 종묘장 식물의 씨앗이나 묘목을 심어서 기르는 곳입니다.

나무만 잘 심었어요."

듣다 못한 한 부인이 큰 소리로 외쳤다.

"나무 심는 건 간단해요. 흙을 파고, 나무를 심고, 물을 주고 잘 자라도록 양분을 주면 되지요. 여자들은 농사를 지어본 경험이 있기 때문에 땅에 씨앗을 심고 기르는 걸 잘 한답니다. 그러니 그런 말뿐인 전문 지식 따위는 필요하지 않아요."

옆에 있는 부인도 더 큰 소리를 내며 거들었다.

여자들의 말을 들은 산림관은 얼굴이 붉어져서 얼른 단상 아래로 내려왔다. 여자들은 왕가리의 가르침대로 매일 씨앗을 다루듯이 묘목을 심었다. 그러면 며칠 후 어김없이 나무에서 건강한 싹이 나왔다.

나무를 심고 숲이 생기자 왕가리의 말대로 샘에 다시 물이 고이기 시작했다. 들판에는 초목이 자라고, 소와 염소는 건강하게 살이 찌기 시작했다. 물과 땔감을 구하는 일이 쉬워지자 여자들은 전보다 고생을 덜하게 되었다. 모두 왕가리 덕분이라고 칭찬이 자자했다.

왕가리에게도 좋은 일이 생겼다. 그동안의 공로를 인정받아서 나이로비 대학의 정식 교수가 된 것이었다. 그때까지도 나이로비 대학에는 아프리카 여성 교수가 한 명도 없었다. 왕가리는 너무 기쁜 나머지 주먹을 불끈 쥐며 소리쳤다.

"내가 드디어 해냈어! 남녀 차별과 인종 차별을 이겨 내고 꿈을 이루었다고!"

하지만 이 기쁨은 그리 오래 가지 않았다. 마치 왕가리에게 곧 닥칠 슬픔을 예고라도 하는 듯했다.

6. 우후루 공원을 보호하다

"내게 가장 중요한 것은 '우리'입니다.
내가 한 모든 일들은 나 혼자만의 일이 아니었어요.
언제나 사람들과 함께한 것이었죠."

아프리카 여자가 대학 교수가 되었다는 소식이 신문에 크게 실리자 국민들이 술렁이기 시작했다.

"그 여자가 국회의원 므왕기의 아내래요."

"집에서 살림은 안 하고 밖으로만 싸도는군."

"많이 배운 여자는 거만하고 남편을 무시할 거예요."

나쁜 소문이 점점 퍼지자, 왕가리를 바라보는 사람들의 시선이 곱지 않게 변했다. 그 무렵, 왕가리를 대하는 므왕기의 태도도 변하기 시작했다.

1977년 6월 어느 날, 왕가리가 퇴근을 하고 집에 왔더니 집 안이 온통 썰렁했다.

왕가리는 이웃집 여자에게 물었다.

"혹시 제 남편 못 보셨어요?"

"아까 짐을 몽땅 꾸려서 나가던데요."

"뭐라고요?"

왕가리는 그 자리에 털썩 주저앉았다.

갑자기 심장이 쿵쾅거리며 뛰기 시작했고 불안감이 밀려왔다. 므왕기와 함께했던 시간들이 주마등처럼 한꺼번에 지나갔다. 므왕기를 처음 만나고 청혼을 받고, 사랑스러운 아이를 셋이나 낳았던 기쁨의 순간, 함께 웃었던 시간이 떠올랐다. 그런데 이젠 남편이 떠난 것이다.

왕가리는 눈물이 났다.

'아아, 나는 최선을 다 했어. 남편이 국회의원이 될 수 있도록 도왔고, 그를 사랑했어. 좋은 엄마, 좋은 정치가의 아내가 되려고 노력해 왔어. 그리고 이제 대학 교수도 되었는데 므왕기와 사람들은 왜 나를 인정해 주지 않는 걸까?'

1979년, 왕가리의 남편은 법정에 이혼소송을 했다. 법정에선 므왕기가 먼저 입을 열었다.

"판사님, 왕가리는 다른 남자와 바람을 피우며, 저를 항상 화나게 했습니다. 집에 돌아오면 자기가 나보다 더 많이 배웠다고 거만하게 잘난 체했어요. 더 이상 고집 세고 말 안 듣는 여자와는 못 살겠습니다."

왕가리는 기가 막혔다.

"아니에요, 판사님. 모두 거짓말이에요."

하지만 판사는 왕가리 편에 있지 않았다. 므왕기가 미리 주변 사람을 통해 판사를 자기편으로 만들어 버렸던 것이다. 판사의 판결에 억울한 왕가리가 소리쳤다.

"저 판사는 부패했습니다. 어떻게 이런 거짓 판결을 내릴 수 있습니까!"

이 말을 듣고 화가 난 판사는 왕가리에게 형벌을 내렸다.

"왕가리는 법정을 모독* 했습니다. 6개월 동안 감옥에 가두세요."

---

* 모독 말이나 행동을 함부로 해서 더럽히고 욕되게 하는 경우를 말합니다.

감옥에는 싸늘한 기운만이 감돌았다. 왕가리는 네 명의 여자들과 함께 감옥에 수감되었다. 죄수복과 변기, 담요 한 장을 받았고, 머리카락은 싹둑 잘렸다. 함께 있던 여자 수감자들은 왕가리가 억울한 누명을 쓴 것을 알고 있었다.

"왕가리 씨, 용기를 내세요."

"왕가리 씨, 담요 접는 법을 알려 줄게요. 이렇게 하면 좀 덜 추울 거예요."

신문을 통해 왕가리 소식을 접한 국민들은 분노했다.

"죄 없는 왕가리를 풀어 줘라!"

"부패한 판사는 물러나라!"

국민들은 법정에 찾아가서 판사를 비난하며 왕가리를 풀어 달라고 했다. 덕분에 왕가리는 감옥에 간 지 3일 만에 다시 집으로 돌아올 수 있었다. 왕가리는 집으로 돌아오자마자 세 아이들을 끌어안고 펑펑 울었다.

이혼의 아픔이 채 잊히기도 전에 왕가리에게 더 큰 시련이

닥쳤다. 대학교에서 교수직을 해고하는 통지서가 날아온 것이었다. 대학의 고위직 사람들이 왕가리가 주장해 왔던 성차별을 비롯한 사회적인 운동에 불만을 드러낸 것이었다. 왕가리는 학교 관계자들을 만나 부당한 해고 처리에 대해 항의했지만 소용없었다. 직장을 잃은 왕가리는 그저 막막했다.

'어떡하지? 그동안 나무 심는 운동을 하느라 돈을 다 써 버렸는데. 아이들과 살 집도 없어지고 직장까지 잃었으니, 나 혼자 세 아이를 어떻게 키울까?'

남편과 직장을 잃고 가난해진 왕가리의 하루하루는 근심과 걱정의 나날이었다.

그렇게 슬픔에 빠져 있던 어느 날, 왕가리에게 케냐 국립여성심의회 회원들이 찾아왔다.

"왕가리 씨, 당신께 제안하고 싶은 게 있어서 찾아왔어요. 케냐 국립여성심의회의 새 의장이 되어 주세요."

왕가리는 잠시 생각에 잠겼다가 말했다.

"제가 그런 큰일을 할 수 있을까요?"

"누가 뭐라고 해도 당신은 우리의 영웅이에요. 지금까지 당신은 케냐 땅에 수많은 나무를 심었고, 우리 여자들을 부당한 노동과 위험으로부터 지켜 주었어요. 당신이 케냐 국립여성심의회 의장이 된다면 우리는 더할 나위 없이 기쁠 거예요."

회원들이 돌아간 후, 왕가리는 그들의 제안을 두고 계속 고민했다.

'그래, 아직 내가 할 수 있는 일이 남아 있었어. 의장이 되어 지금까지 해 왔던 것처럼 나무를 심고, 여성들을 돕자!'

그리하여 케냐 국립여성심의회 의장이 된 왕가리는 전보다 더 적극적으로 그린벨트 운동을 추진했다. 왕가리가 다시 나무를 심는다는 소식이 전국 각지에 퍼지자 수많은 사람들이 왕가리를 돕겠다고 연락을 해 왔다.

"여러분, 우리 케냐뿐만이 아니라 세계 여러 나라 사람들에게도 나무의 중요성을 알리고, 나무 심기 운동에 동참하도록 우리가 보여 줍시다!"

왕가리는 지역 NGO 단체들과 유엔 의회의 지원을 받아 수백 명의 사람들과 함께 공원에서 나무를 들고 행진했다. 나무 심기 행사에는 온 나라의 주요 인사들이 참여했다. 행사의 광경이 방송에 나가고 나자 세계 여러 곳에서 더 많은 사람들이 왕가리를 돕겠다고 나섰다.

"노르웨이 산림학회 이사입니다. 저희도 나무 심기를 돕고 싶습니다."

"유엔 여성자원기금입니다. 사람들이 나무 심기에 도움을 주려고 성금을 모금해 왔어요. 12만 2700달러나 됩니다. 이 돈을 보내드릴게요."

"정말 감사해요."

이제 나무를 심는 나라는 케냐만이 아니었다. 우간다, 말라위, 탄자니아, 에티오피아에서도 그린벨트 운동에 동참하여 나무를 심기 시작했다. 훗날 이렇게 심어진 나무는 무려 4천만 그루 이상이었다.

왕가리는 가슴이 뭉클해졌다.

"지구촌에 이렇게 많은 사람들이 나무를 사랑하고 환경을 보호하려고 노력하는구나. 지금껏 내가 여자들에게 도움을 주며 살고 있는 줄 알았는데 아니었어. 수많은 여자들이 나를 도와준 거야. 힘들어도 더 기운을 내자!"

1989년, 정부에서 타임스 타워를 짓는다는 소문이 나돌기 시작했다. 우후루 공원의 나무를 베고, 그 자리에 62층의 높은 빌딩을 건설할 계획이라는 것이었다.

우후루 공원은 케냐의 수도인 나이로비 서쪽에 있는 공원으로 빽빽한 건축물 사이에 있는 유일한 녹지 공간이었다. 공원에는 잔디밭과 오솔길이 있고, 보트를 타고 놀 수 있는 호수, 나무가 우거진 숲이 있었다. 많은 사람들이 공원에 찾아와 산책이나 운동을 하며 휴식을 취했다.

케냐가 독립한 후, 1978년부터 다니엘 아랍 모이가 정권을 잡으면서 독재정치가 시작되었다. 부정부패가 심해졌고, 정부와 몇몇 권력을 가진 부자들이 나라 소유로 되어 있는 땅을 자기네 마음대로 사고팔았다. 게다가 나무를 마구 베어 공장과 아파트를 지었다. 공원은 점점 줄어들었고 호텔과 회원 전용 골프장, 축구장이 건설되었다. 급기야 모이 대통령의 기념비까지 세우려고 들었다.

"나라의 재산을 자기들 마음대로 이용하다니! 그렇게는 안 돼!"

왕가리는 뭔가를 다짐한 듯 종이와 펜을 들고 왔다. 그리고 편지를 쓰기 시작했다.

정부는 지금 거짓말을 하고 있습니다. 나라의 경제 발전을 위해서 공장도 짓고 아파트도 지어서 생활을 편리하게 해 준다고 하지만, 케냐의 국민들 대부분은 가난해서 비싼 아파트에서 살 수도 없고, 골프장이나 호텔을 이용할 돈도 없습니다. 공장을 지어 봤자, 가난한 노동자들은 노동을 착취당하기만 합니다. 물건을 팔고 남은 이익은 부자들의 손으로 들어갑니다. 그런데도 국민을 위해 정치를 한다는 국회의원들은 국민들의 요구는 무시하고, 국가의 재산을 마음대로 갖다 쓰고 있습니다.

우후루 공원의 나무를 베어서는 안 됩니다. 국민들의 쉼터를 빼앗아서는 안 됩니다. 당장 어리석은 행동을 멈추고 국민의 소리에 귀를 기울여 주세요. 약하고 가난하고 외로운 사람들 편에 서서 정의로운 일에 힘써 주세요!

왕가리는 신문사, 방송국, 그리고 각 정부 부서와 심지어 대통령에게까지 편지를 보냈다. 하지만 어느 누구도 왕가리의 편지에 답장을 보내지 않았다.

'여기서 그만두면 안 돼. 그러면 아무것도 바뀌지 않을 거야.'

왕가리는 계속 편지를 보냈고, 방송국 관계자를 만나 인터뷰도 했다.

"모이 대통령은 지금이라도 국민의 목소리를 듣고, 환경을 생각해야 합니다. 부정부패에 찌들어 있는 국회의원들을 몰아내야 합니다."

그러나 방송을 본 국회의원들과 모이 대통령은 자신들의 잘못을 전혀 뉘우치지 않았고, 오히려 왕가리를 모함했다.

"왕가리는 미쳤습니다. 그 여자는 나무를 심는답시고 돈을 모아서는 자기 주머니를 불리고 있어요."

"맞습니다. 소문에는 왕가리 머릿속에 벌레가 들었다고 합니다."

"남편과도 일부러 이혼한 여자예요. 그런 여자는 존경할 필요가 없습니다. 그 여자의 말을 무시합시다!"

정부는 왕가리가 일하는 사무실까지 찾아와 그녀를 못살게 굴었다. 갖은 핑계를 대면서 나무 심기 운동을 방해했고, 직원들을 사무실에서 내쫓았다. 왕가리는 너무나도 기가 막혔다.

"이런다고 내가 그만둘 줄 알고?"

왕가리는 사무실이 없어지자, 자기가 살던 집을 개조해서 사무실로 만들어 여전히 나무 심기 운동을 계속했다. 왕가리의 소식을 들은 국민들은 그녀를 돕기 시작했다. 국민들은 익명으로 편지를 써서 신문사로 보냈다. 날이 갈수록 신문사에

도착하는 편지는 늘어났다. 수백 통이 넘는 편지가 쌓였다.

"우후루 공원은 주말이나 휴일에 도시 사람들이 피로를 풀 수 있는 단 하나뿐인 공원입니다. 공원을 없애지 마세요."

"공사가 시작되면 나무와 풀이 마구 베어질 거예요."

"아이들에게서 아름다운 공원을 빼앗지 말아 주세요."

"우후루 공원은 부모님과 주말마다 가는 곳이에요. 그곳이 없어지면 우리는 놀 곳이 없어요."

심지어 어린 아이들도 편지를 썼다.

일이 점점 커지자, 정부에서는 자신들이 하는 일에 반대하는 사람들을 몰래 잡아 가두고 고문을 하거나 감옥에 집어넣었다. 또 쥐도 새도 모르게 죽이기도 했다. 이런 사실이 부당하다고 고발하는 기자가 있으면 그 역시 경찰들이 잡아가고 못살게 굴었다.

1992년 1월, 왕가리 집으로 경찰이 들이닥쳤다. 그들은 강제로 문을 부수고 들어와 왕가리를 끌어내고 감옥에 가두었다. 지난번 3일 동안 갇혀 있던 감옥과는 달리 무서운 곳이었다. 그곳은 더러운 물과 오물로 가득 차 있었다. 축축하고 얼어붙을 듯한 감옥 바닥에서 왕가리는 담요도 없이 오들오들

떨었다. 밥도 제대로 주지 않았고, 24시간 내내 불을 켜 두고 잠을 못 자게 했다.

얼마 뒤, 왕가리에 대한 재판이 열렸다. 그러나 그녀는 병에 걸려 제대로 서 있지도 못했다. 판사는 왕가리에게 죄명을 선고했다.

"당신은 나쁜 소문을 퍼뜨리고, 국민들을 조장해서 문제를 일으켰소. 국가에 반역한 죄이니 사형이 마땅하오."

말도 안 되는 판결이 떨어지자 재판을 보고 있던 사람들이 화를 내며 소리쳤다.

"도대체 무슨 짓을 하고 있는 거야! 사람을 거의 죽여 놨잖아!"

"당장 왕가리를 풀어 줘라! 아무 죄도 없는 사람을 죽이면 안 돼!"

"왕가리 씨, 우리는 당신을 혼자 놔두지 않을 거예요. 기운을 내세요!"

판결에 반대하는 국민들의 항의는 점점 거세졌다. 결국, 왕가리는 국민들 덕분에 무사히 풀려났다. 감옥에서 풀려나자마자 왕가리는 병원으로 가서 치료를 받았다. 하지만 병은 쉽게

완쾌되지 않았다. 그때부터 왕가리는 평생을 관절염에 시달려야 했다. 몸은 힘들었지만 마음만은 그 어느 때보다 더 강해져 있는 왕가리였다.

왕가리는 병원에서 퇴원하자마자 우후루 공원으로 갔다. 그곳에는 정부 일에 반대해서 잡혀간 사람들의 어머니들이 모여 있었다. 그녀들은 우후루 공원에 모여 당장 자신들의 아들딸들을 풀어 달라고 단식 투쟁을 하며 기도를 했다. 왕가리는 그녀들을 돕기 위해 법무장관을 직접 만나 설득했다.

"죄 없는 사람들을 그만 풀어 주세요. 그렇지 않으면 저도 그녀들과 함께 우후루 공원에서 투쟁을 계속 할 겁니다. 국민들에게 정부가 무고한 사람을 잡아 가두고 고문했다는 사실을 폭로하겠어요."

그러자 법무장관은 얼굴이 새파래져서 말했다.

"알겠으니까 모두 공원에 가지 말고 집으로 돌아가세요."

저녁이 되었지만 잡혀간 사람들은 돌아오지 않았다. 그런데 생각지도 못한 경찰들이 그녀들이 있는 캠프를 습격했다. 맵고 독한 최루탄이 터지고, 경찰들이 힘없는 여자들을 마구 때리기 시작했다. 하지만 텐트 안에 있던 여자들은 경찰의 위협에도 항복하지 않았다. 오히려 용감하게 행동했다. 그녀들은 경찰들 앞에서 윗옷을 벗어 얻어맞은 가슴을 드러냈다.

"자, 봐라! 지금 너희가 때린 사람이 누구인지. 너희들은 집에 있는 어머니를 존경하지도 않느냐. 우리들은 다 누군가의 어머니다!"

조금 전까지만 해도 경찰봉을 휘둘렀던 경찰들이 주춤하며 물러서기 시작했다.

싸움은 1년 넘게 계속되었다. 어머니들은 자식들이 돌아올 때까지 단식을 계속 했다. 앞사람이 굶다가 쓰러지면 뒷사람이 이어받아 단식을 했다. 결국 정부가 먼저 두 손 들고 항복했다. 우후루 공원에 빌딩을 건설하겠다는 계획은 무산되었고, 감옥에 갇혀 있던 사람들은 모두 집으로 돌아왔다. 왕가리와 어머니들은 서로를 얼싸안으며 기쁨의 눈물을 흘렸다.

7. 나무를 심는 일, 사람을 지키고 지구를 지키는 일

"나는 민주주의와 환경보호가
합쳐져야 한다고 믿습니다.
이것은 현장에서 터득한 지혜입니다.
인권을 존중하지 않는 제도 안에서는
환경보호도 실천될 수 없습니다."

    왕가리는 우후루 공원을 지켜 내고 죄 없는 사람들을 풀려나게 했지만 그 일로 정부의 미움을 사서 그린벨트 운동을 하기가 더 어려워졌다. 정부는 툭하면 누명을 씌워서 왕가리를 잡아 가두고, 경찰을 보내 그린벨트 운동을 방해했다. 왕가리의 친구들은 그녀가 걱정되었다.

    "왕가리, 사람들을 돕는 건 좋은데, 네가 너무 걱정돼. 그렇게 정부에 반대하는 일을 하다가 아무도 모르게 죽임을 당하면 어쩌려고 그래. 힘 있는 사람들에 대항해서 혼자 싸우는 일을 그만둘 수는 없겠니?"

그러자 왕가리는 웃으며 대답했다.

"정부는 국가의 재산을 자기들 것인 양 마음대로 갖다 쓰고 있어. 옳지 않은 일인데도 국민을 무시하고 버젓이 나쁜 짓을 하잖아. 그걸 그냥 두면 나중에는 우리의 개인 재산까지 자기들 마음대로 빼앗아 갈 거야. 사람이라면 누구나 존중받고 살아야 해. 그런데 가난하고 힘없는 사람들은 늘 당하기만 하잖아. 내가 비록 여자고 힘이 없지만 우리가 힘을 합쳐서 계속 부당함에 대해 이야기하면 저들도 어쩌지 못할 거야."

친구들은 고개를 끄덕이며 왕가리를 마음속 깊이 응원했다.

우후루 공원을 지켜 낸 뒤로 7년이 흘렀다. 한동안 잠잠하던 정부가 또 다른 일을 꾸민다는 소문이 나돌기 시작했다. 이번에는 나이로비 북쪽에 있는 카루라 숲의 나무를 베어 낸다는 것이었다. 국회의원들이 숲의 일부를 자기 재산으로 만들고, 그곳에 자기들만 이용할 수 있는 사무실과 저택을 짓기로 했다는 것이었다. 이 소식을 들은 왕가리는 화가 머리끝까지 치밀어 올랐다.

"정말 너무한 거 아니야!"

카루라 숲은 왕가리가 맨 처음으로 나무 심기 운동을 시작한 곳이었다. 그곳에 수많은 사람들이 환경을 지키려고 고생해서 나무를 심어 놓았다. 고작 몇몇 사람들의 욕심을 채우려고 나무를 마구 베고 있다는 것을 알게 되자 왕가리는 몸이 부들부들 떨렸다.

왕가리는 당장 법무장관에게 편지를 썼다.

"지금 당장 공사를 중단하고 나무 베는 일도 그만두세요! 카루라 숲은 안 됩니다."

그러고는 사람들을 모아서 카루라 숲에 들어가 나무를 다시 심기 시작했다.

사람들이 한참 나무를 심고 있을 때였다.

"꼼짝 마!"

어디선가 칼을 든 무서운 청년들이 나타나 사람들을 때리고, 심었던 나무를 몽땅 뽑아 버리고는 사라졌다. 왕가리가 괴한에게 습격을 받았다고 경찰에 신고했지만, 경찰은 범인을 잡아 주기는커녕 퉁명스러운 어투로 말했다.

"카루라 숲은 이제 위험하니, 들어가면 안 됩니다. 나무도 심지 마세요."

"뭐라고요? 숲에 나무를 심지 말라니! 대체 누가 정한 법입니까?"

경찰은 더 이상 아무 말도 하지 않았다.

그 뒤, 카루라 숲의 입구는 폐쇄되었다. 하지만 왕가리는 포기하지 않았다. 20여 명의 사람들과 습지대로 난 좁은 길을 돌아서 숲에 들어갔다.

"우리가 이런 길을 알고 있을 줄은 모를 거다!"

여자들은 치마를 걷어 올리고, 남자들은 바짓단을 접어 올린 채 신발을 벗어 들고, 습지대의 젖은 땅을 건넜다. 모두들 한쪽 겨드랑이에는 물뿌리개를, 한쪽 겨드랑이에는 어린나무를 안고 있었다. 급류가 흐르는 강가를 지날 때는 반쯤 물에 잠긴 통나무를 딛고 건너야 했지만 모두들 무섭거나 싫은 내색 하나 비치지 않았다.

경찰들은 숲을 수색하다가 버젓이 나무를 심고 있는 왕가리와 사람들을 발견하고 깜짝 놀랐다.

"다, 당신들 대체 거기서 뭐 하는 거요?"

"뭐 하긴요, 나무를 심고 있지. 물만 주고 나갈 테니 그냥 둬요."

왕가리는 끝끝내 카루라 숲에 나무를 심었고, 경찰들은 왕가리의 고집에 두 손 두 발을 다 들어야 했다.

1999년 1월, 왕가리는 아프리카, 유럽, 북아메리카와 남아메리카에 사는 유명인사 100명을 초청해서 사절단을 만들었다. 그러고는 카루라 숲에 가서 나무를 심고 보호하는 행사를 열 계획이었다.

그런데 아침 일찍 카루라 숲에 도착하자 칼과 곤봉, 채찍, 활 등으로 무장한 200여 명의 수비대가 갑자기 사람들 앞을 가로막았다.

"당신들은 숲에 들어갈 수 없어!"

"우리는 단지 나무를 심으러 온 거예요."

"그것도 하면 안 돼!"

"왜 안 되죠? 나무를 심기 전에는 절대 떠나지 않겠어요!"

왕가리는 선언을 하다시피 하고는 괭이로 구덩이를 팠다. 그러자 수비대에 있던 남자들이 욕을 하기 시작했다.

"넌 뭐가 그리 잘났어, 이 여자야!"

그 순간, 돌멩이들이 왕가리 쪽으로 마구 날아들었다. 왕가리가 머리에 손을 대어 보니 피가 철철 흐르고 있었다. 왕가리는 놀라지 않았다.

'저 사람들은 왜 이런 짓을 할까?'

순식간에 수비대의 남자들이 채찍과 곤봉을 휘두르며 사절단 사람들을 마구 때리기 시작했다. 왕가리와 사절단이 타고 온 차도 마구 부숴 버렸다. 사절단은 일단 수비대를 피해 달아났다. 하지만 다른 나라에서 온 국회의원 네 명과 기자들, 독일의 환경 운동가들이 다쳤다. 팔다리가 부러진 사람도 있었다. 왕가리는 응급차에 실려 병원으로 갔다. 의사는 왕가리에게 한마디했다.

"당신, 정말 운이 좋군요. 돌멩이를 한 방만 더 맞았더라면 그 자리에서 바로 죽었을 거예요."

이 사건은 국내외 신문에 크게 실렸고, 온 세계가 함부로

폭력을 쓴 케냐 정부를 비난했다. 그러자 대통령이 성명*을 발표했다.

"사람들이 왜 카루라 숲을 개발해서 부자가 되려는 계획에 반대하는지 모르겠습니다. 숲을 없애고 도시를 건설해야 잘 사는 나라가 됩니다."

하지만 대통령의 발언은 국민들의 분노만 더 키워 도시 전체에 폭동이 일어났다.

"정부는 국민의 말을 듣고 있는 것인가!"

"왜 국민의 말을 무시하는가!"

"제멋대로 하는 정부는 필요 없다. 썩 물러가라!"

왕가리는 병원에서 퇴원했다. 머리를 감싸고 있는 붕대는 여전히 피로 붉게 물들어 있었다. 그러나 왕가리는 어린나무를 안아들고 다시 카루라 숲으로 당당하게 걸어갔다. 나무가 베어지고 뽑힌 자리에 하나하나 다시 어린나무를 심었다. 신문과 텔레비전은 이 모습을 전 세계에 알렸다.

얼마 후, 모이 대통령은 카루라 숲에서 하던 모든 공사를

---

* 성명 어떤 일에 대한 자신의 입장이나 견해를 공개적으로 발표하는 것을 말합니다.

중단해야 했고, 대통령 자리에서도 물러나게 되었다.

카루라 숲의 개발이 중단된 뒤에도 정부는 왕가리를 끊임없이 못살게 굴었다. 늘 왕가리를 감시하고, 왕가리가 나무를 심으려고 하면 따라와 트집을 잡고, 감옥에 가두었다. 하지만 왕가리는 자신이 하고 있는 일을 단 한번도 포기하지 않았다.

2002년, 새로운 국회의원 선거 날이 다가오고 있었다. 왕가리의 친구들은 왕가리에게 국회의원에 출마해 보라고 설득했다.

"왕가리, 지금이라도 다시 국회의원 선거에 나가 보지 않을래?"

"그래, 너는 지금 정부에서 일하고 있는 국회의원들이 얼마나 부패했는지 잘 알고 있잖아. 케냐 국민들이 얼마나 굶주리며 살고 있는지도 잘 알고 있잖아."

"네가 국회의원이 된다면 누구보다 잘 해낼 거야."

왕가리는 전에도 몇 번이나 국회의원 선거에 나가려고 했지만 그때마다 여자라는 이유로 무시당하고, 부패한 국회의원들로부터 방해를 받아 선거에 나가지 못했다.

"그래, 이번 선거에 나가서 국민들에게 도움이 되는 국회의원이 되어 보자."

굳은 결심을 한 왕가리는 다음 날부터 선거 유세를 시작했다. 지역구를 돌아다니며 사람들을 설득했다.

"여러분, 케냐가 독립한 뒤로도 우리는 여전히 잘 살지 못하고 있습니다. 그 이유는 정부가 부정부패를 일삼기 때문입니다. 아직도 여러 지역에서는 숲이 함부로 베어지고 있습니다. 개발이라는 명목하에 가난한 사람들은 노동을 착취당하고, 정작 돈을 버는 사람들은 몇몇 권력을 가진 사람들뿐입니다. 이것은 비단 돈 문제만이 아닙니다. 나무가 베어지면 환경이 파괴되어서 흙이 나빠지고, 영양가 높은 음식을 먹을 수가 없습니다. 마실 물도 부족해져서 많은 케냐인들이 고통을 당할 겁니다. 가난한 사람들은 이런 문제를 자기들 손으로 바꿀 수 없다고 생각합니다. 하지만 아닙니다. 우리는 할 수 있습니다. 제가 여자라고 무시하지 마시고 국회의원으로 뽑아 주십시오. 여러분의 목소리를 내 드리겠습니다."

마침내 선거일이 되었다. 왕가리는 최선을 다해 국민들을 설득했고 결과만을 기다리는 수밖에 없었다. 전국의 수많은 사람들과 모든 부족의 사람들이 자신의 민주적인 권리를 행사

하기 위해 투표장으로 몰려왔다. 케냐에서 25년 만에 처음으로 실시된 자유롭고 공정한 투표였다. 결과는 놀라웠다.

"왕가리, 기적이 일어났어. 여자인 네가 무려 98%의 득표율로 당선됐어. 케냐인 100명 중에 98명이 너를 선택한 거야. 축하해!"

소식을 들은 왕가리는 뛸 듯이 기뻤다.

"우리가 케냐를 바꾼 거야. 민주주의를 되찾은 거라고!"

2002년 12월, 케냐는 음와이 키바키가 대통령으로 당선되면서 새로운 정부를 구성했다. 2003년에는 정권 교체와 함께 왕가리가 환경부 차관이 되었다. 왕가리는 나랏일을 보면서도 그린벨트 운동을 계속했다. 어느새 왕가리가 심은 나무는 3천만 그루가 되어 있었다. 왕가리는 사람들을 만나면 언제나 나무 심기의 중요성에 대해 알렸다.

"여러분, 저는 환경만 고집하는 사람이 아닙니다. 나무는 우리의 희망이고 생명이에요. 사람이면 누구나 존중받아야 하듯이 자연도 소중히 아끼고 사랑해야 합니다. 그것이 사람을 살리는 길이기 때문이지요. 나무를 심는 일이 곧 사람을 지키고 지구를 살리는 길이라는 것을 잊지 마세요."

2004년 어느 봄날, 녜리를 여행하고 있던 왕가리는 노르웨이 노벨 위원회 의장으로부터 전화를 받았다.

"왕가리 마타이 여사입니까?"

"네."

"왕가리 씨가 올해 노벨 평화상을 받게 됐습니다."

"뭐라고요?"

"지구의 평화는 환경을 지키고 보호하는 사람들에게 달려 있습니다. 당신은 그동안 아프리카의 자연을 지키려고 노력했고, 약한 사람들을 존중하고 지키기 위해서 힘써 왔습니다. 아프리카의 경제와 문화적 발전에도 기여했고, 민주주의와 특히 여성과 아이들의 인권 향상에 큰 영향을 미쳤습니다. 그래서 올해 노벨 위원회에서는 당신에게 이 상을 주려고 합니다."

"고맙습니다."

노벨 위원회 의장의 말을 듣는 내내 왕가리는 하염없이 눈물을 흘렸다.

왕가리의 노벨 평화상 수상 소식을 전해들은 친구들과 국민들은 환호성을 질렀다.

왕가리는 자기 인생에 최고의 날을 기념하기 위해 어린 난디불꽃나무 한 그루를 심었다. 많은 사람들이 왕가리가 나무를 심는 모습을 지켜보며 함께 기쁨의 눈물을 흘렸다. 그때 누군가 왕가리를 불렀다.

"왕가리 마타이 여사."

왕가리가 뒤돌아보자 므왕기가 서 있었다. 므왕기는 쑥쓰러운 얼굴로 머리를 긁적이며 말했다.

"당신은 정말 멋진 여자였어. 어리석었던 나를 용서해 줄 수 있겠어?"

그러자 왕가리가 환하게 웃으며 대답했다.

"그럼요."

왕가리는 국회의원을 은퇴하고, 나이가 든 뒤에도 여전히 아이들에게 나무 심는 법을 가르쳤다.

사람들은 왕가리를 '마마 미티'라고 부르기 시작했다. 케냐 말로 '나무들의 어머니'라는 뜻이었다. 왕가리는 굳은 신념을 가지고 평생 동안 자신이 옳다고 믿은 일을 해낸 사람이었다. 그녀는 아프리카 여성으로서는 최초로 박사 학위까지 받았지만, 결코 자신만을 위해서 살지 않았다. 약하고 가난한 케냐 사람들을 돕기 위해 나무를 심기 시작했고, 죽을 각오로 숲과 사람과 평화를 지켜 냈다.

환경을 사랑하고 나무를 사랑한 마마 미티는 2011년 9월 25일 71세의 나이로 세상을 떠났다.

왕가리는 그녀가 사랑했던 무화과나무 아래에 편안히 묻혔다.

왕가리 마타이 연보

1940년 4월 1일 케냐 녜리에서 태어남.
1959년 나이로비 근처 리무루의 가톨릭 계열 기숙학교 로레토 여자고등학교 졸업.
1964년 피츠버그 대학 입학.
1966년 나이로비 대학 생물학부에서 독일인 교수 라인홀트 호프만 교수의 조교 강사로 일함.
1971년 케냐 여성으로는 처음으로 나이로비 대학에서 박사 학위를 받음.
1976년 나이로비 대학 첫 여성 교수가 됨.
1977년 그린벨트 운동을 시작함.
1981년 케냐 국립여성심의회 의장직을 맡음.
1984년 대안 노벨상이라고 불리는 올바른 생활상 수상.
1986년 더 나은 세계상 수상.
1989년 그해의 세계 여성상 수상.
1994년 네덜란드 왕가에서 환경 운동가에게 주는 골든 아크 상 수상.
1995년 베이징 세계여성대회에서 '아프리카 개발의 곤경들'이라는 제목의 기념비적인 연설을 함.
1997년 유엔환경계획에서 뽑은 세계적인 명망인 500인, 『어스 타임스』가 뽑은 세계의 환경 운동가 100인에 듦.
2001년 줄리에트 홀리스터 상 수상.
2002년 케냐에서 독재 정권이 물러난 뒤에 환경·천연자원·야생생물부 차관으로 임명됨.
2004년 노벨 평화상 수상.
2011년 세상을 떠남.

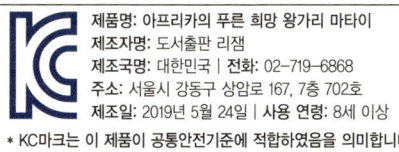

제품명: 아프리카의 푸른 희망 왕가리 마타이
제조자명: 도서출판 리잼
제조국명: 대한민국 | 전화: 02-719-6868
주소: 서울시 강동구 상암로 167, 7층 702호
제조일: 2019년 5월 24일 | 사용 연령: 8세 이상
* KC마크는 이 제품이 공통안전기준에 적합하였음을 의미합니다.
⚠ **주의** 아이들이 책의 모서리에 다치지 않게 주의하세요.

꿈을 주는 현대인물선 14

아프리카의 푸른 희망
왕가리 마타이

1판 1쇄 발행 2013년 7월 10일
개정판 1쇄 발행 2019년 5월 24일

글쓴이 김민경 | 그린이 이기훈
펴낸이 안성호 | 편집 이소정 김현 강별 | 디자인 이보옥
펴낸곳 리잼 | 출판등록 2005년 8월 9일 제 313-2005-000176호
주소 05307 서울시 강동구 상암로 167, 7층 702호
대표전화 02-719-6868 팩스 02-719-6262
홈페이지 www.rejam.co.kr 전자우편 iezzb@hanmail.net

ⓒ김민경 ⓒ이기훈

* 잘못 만들어진 책은 바꾸어 드립니다.
* 이 책의 무단 복제와 전재를 금합니다.
* 책값은 뒤표지에 표시되어 있습니다.

「이 도서의 국립중앙도서관 출판예정도서목록(CIP)은 서지정보유통지원시스템 홈페이지(http://seoji.nl.go.kr)와 국가자료종합목록 구축시스템(http://kolis-net.nl.go.kr)에서 이용하실 수 있습니다.
(CIP제어번호 : CIP2019019917)」

ISBN 979-11-87643-73-9